AF343796

AVERTISSEMENT.

La collection dont nous sommes chargés de diriger la vente est peut-être la plus remarquable qui ait été formée dans ce genre, moins par le nombre des objets, que par leur choix et la variété qu'ils présentent entre eux dans chaque série, chacun d'eux offrant un intérêt différent. Aussi peut-on dire qu'il n'y a point de collection, même parmi les plus nombreuses, qui présente un aussi grand nombre d'objets variés, et en même temps du premier ordre, dans ce genre de curiosités, si recommandables par la belle époque des arts à laquelle ils appartiennent, et par le mérite des objets en eux-mêmes : ils charment tous par l'élégance et la pureté de leur forme, autant que par la perfection et le beau style du travail.

Parmi un grand nombre de pièces du plus rare mérite, nous nous bornerons à citer, comme objets vraiment uniques : dans les fayences, le portrait de Bernard Palissy, fait par lui-même, monument du plus haut intérêt; les deux grands plats de fayence, qui, par la richesse et le grand caractère des ornements, peuvent être considérés comme les plus beaux connus; l'aiguière décrite sous le n° 55, qui mérite de fixer l'attention particulière des connaisseurs, autant par la beauté de sa forme et la richesse des détails

I

que par la rareté de cette belle fayence, dont on ne connaît qu'un petit nombre de pièces qui paraissent avoir appartenues toutes au même service exécuté pour le Roi Henri II; parmi les émaux, le grand médaillon qui, certes, est une de plus belles choses sorties de la fabrique de Limoges; au nombre des verreries, la magnifique coupe portant les armes de Louis XII et d'Anne de Bretagne; parmi les armes, la célèbre épée de Henri IV, celle non moins belle de Charles-Quint, et le bouclier n° 163, d'une élégance et d'une richesse de détail au-dessus de tous les éloges.

Au reste, cette collection est si bien connue des amateurs de notre pays, qu'à leur égard une simple annonce eût suffi, et nous ne nous sommes permis quelques réflexions sur le mérite des objets qui la composent que parce que notre catalogue doit aller à l'étranger.

CATALOGUE

D'OBJETS

D'ART ET DE CURIOSITÉ.

BOIS SCULPTÉ.

600 — 1. Groupe de deux figures : la Vierge et l'enfant Jésus; cette charmante composition, exécutée dans un seul morceau de buis, par Brustoloni, peut être considérée comme un chef-d'œuvre de ce célèbre artiste vénitien, qui s'est exclusivement consacré à la sculpture sur bois.

56 — 2. Figure de femme nue et debout, d'un beau style.

16 — 3. Un bas-relief, sujet mythologique.

81 — 4. Quatre bas-reliefs, sujets de la fable, d'une très-bonne exécution et dans le style de Jean Goujon.

510 — 5. Douze grands bas-reliefs représentant des sujets religieux, d'un très-beau style et d'une exécution remarquable.

300 — 6. Vingt-quatre autres bas-reliefs plus petits, de la même main et du même style; ces bas-reliefs ornent les volets des croisées.

ALBATRES SCULPTÉS.

400 — 7. Très-beau rétable du 15ᵉ siècle, orné de plusieurs bas-reliefs en albâtre, à sujets de sainteté rehaussés d'or. Il est enrichi d'arabesques dorés, du plus beau style de la renaissance, formant applique sur fond d'azur. Cet objet, des plus remarquables par son architecture et son ensemble, est d'une parfaite conservation.

131 — 8. Deux autres bas-reliefs en albâtre, à sujets de sainteté rehaussés d'or, d'une grande finesse d'exécution; les cadres du temps sont riches d'ornements en relief et dorés sur fond bleu d'azur.

41 — 9. Deux bas-reliefs à sujets religieux, ouvrage du 15ᵉ siècle, dans leurs cadres du temps.

39 — 10. Quatre autres plus petits et du même genre.

ÉTAINS DU SEIZIÈME SIÈCLE.

505 — 11. Plat rond et son aiguière décorés de bas-reliefs et d'arabesques du plus beau style. L'aiguière, l'une des plus belles connues, pour sa netteté et sa conservation, peut être citée comme très-rare, en ce qu'elle est munie de son couvercle; le plat, également beau de style et de conservation, porte l'effigie et le nom de l'artiste français Briot.

180—12. Grand et beau plat rond orné d'un grand nombre de bas-reliefs et d'arabesques, de la plus grande richesse.

80—13. Pot à bière du 16e siècle, orné de médaillons en bas-relief, entourés d'arabesques du meilleur goût de la renaissance.

17,50 14. Quatre médaillons avec bas-reliefs à sujets.

FAYENCES DE FAENZA.

4650—15. Deux grands et magnifiques plats, de forme ovale; l'intérieur est décoré de médaillons à sujets, tirés du roman d'Amadis de Gaules, au pourtour desquels sont des arabesques et des mascarons en relief, d'une grande richesse et d'un style admirable. Ces deux objets, considérés à juste titre, comme les plus beaux connus dans ce genre, proviennent de l'Escurial.

101—16. Grand plat rond : Apollon et Daphné; d'une grande finesse de dessin.

110—17. Superbe plat rond, sujet de bataille, d'après Jules Romain. Au pourtour et sur le bord sont des trophées d'armes et des mascarons. Cet objet, d'une rare finesse, est remarquable par la pureté du dessin rehaussé d'or, et d'un genre de coloris qui se rencontre rarement.

400—18. Très-belle bouteille à sujets profanes du plus

beau style ; sur les côtés sont des mascarons en relief. Cette pièce est émaillée de couleurs très-vives.

19. Grande cruche fond jaune, décorée de médaillons à sujets et d'arabesques d'un beau style ; le couvercle en étain est orné d'un bas-relief.

20. Plat rond avec sujets de bataille.

21. Assiette fond bleu, ornée d'arabesques, dans le style de la renaissance.

22. Assiette avec sujets: enfants faisant la vendange.

23. Plat rond à sujet : le serpent d'airain ; avec écusson aux armes de Montmorency.

24. Plat rond : le triomphe de Galathée ; écusson aux mêmes armes.

25. Autre plat rond : la chute des Titans; avec écusson aux armes de la même famille.
Ces trois derniers articles sont d'une grande beauté de dessin et d'émail.

FAYENCE DE BERNARD PALISSY.

26. Le portrait en relief de Bernard Palissy, fait par lui-même : le cadre, émaillé de brun, est enrichi d'arabesques émaillés en jaune. Cet objet unique, et de la plus haute curiosité, est publié dans Villemain, et provient du cabinet de M. Prevot de Brelle.

601— 27. Buire très-curieuse, formée de reptiles et de coquillages; objet très-rare et d'une conservations
parfaite.

101— 28. Vase à une anse, décoré d'ornements et de mascarons; bel émail et couleurs vives.

85— 29. Petit plat rond; sujet : Ulysse reconnu par son
chien.

99— 30. Plat ovale à coquillages et feuilles d'un très-bel
émail.

52— 31. Plat ovale : sujet de la Jardinière; belle conservation.

70— 32. Petit plat rond orné de mascarons.

80 — 33. Très-joli plat ovale, à salières et cornes d'abon-
dance, d'un très-bel émail et d'une belle conservation.

100—34. Un flambeau avec ornements à jour et mascarons. Cet objet curieux et rare, est d'un très-
bel effet.

91 — 35. Saucière : Bacchus et Cérès ; objet très-fin et du
meilleur goût.

42— 36. Plateau rond à cannelures; très-bel émail de couleur marbrée.

70,50—37. Petit plat ovale, fond jaune à reptiles, d'une
grande vérité, et d'un bel émail.

170— 38. Plat ovale fond bleu, avec reptiles et coquillages; très-bel émail.

25 — 39. Plat ovale à salières et ornements à jour.

51 — 40. Plat rond, avec sujet mythologique.

51 — 41. Plat rond à mascarons et ornements à jour.

105 — 42. Plat rond : Diane surprise au bain par Actéon. Ce plat a une très-belle bordure.

70 — 43. Petit plat rond, orné de mascarons et d'arabesques d'une charmante composition.

20 — 44. Plat ovale : le baptême de St. Jean. Cette épreuve est très-belle.

100 — 45. Jolie aiguière fond bleu, à coquillages, fleurs et feuillages. Ces sortes de vases sont très-rares.

26 — 46. Plat ovale à ornements à jour, des plus beaux.

80 — 47. Plaque ovale : Henry IV. et sa famille; très-fin d'émail.

90 — 48. Plat ovale : le sacrifice d'Abraham; de la plus rare finesse.

513 — 49. Plat rond et profond, avec ornements à jour et fleurs en relief; très-bel émail. Cet objet rare est du plus bel effet et du meilleur goût.

50 — 50. Grand plat ovale, décoré de mascarons et d'arabesques, d'une finesse, d'une netteté et d'un éclat extraordinaire.

135 — 51. Plat rond : enfants en vendanges; la bordure est des plus riches. Parfaite conservation.

92 — 52. Plat ovale; ornements à jour, très-belle couleur et émail très-brillant.

65 — 53. Petit plat rond; ornements à jour et mascarons.

180 — 54. Plat ovale à reptiles et coquillages, du plus bel émail et de la plus grande finesse.

FAYENCES DIVERSES.

55. Grande et magnifique aiguière du temps de Henry II. Cette pièce, d'une forme très-élégante, est décorée de mascarons et d'ornements en relief, ainsi que d'arabesques émaillés en diverses couleurs, de la plus grande richesse et du plus beau style. Son anse est formée par une figure casquée très-grotesque.

Cet objet, des plus rares, est d'une qualité de fayence d'une finesse remarquable et dont on ne connaît que peu de pièces.

56. Grande buire d'une très-belle forme, s'emplissant par le pied, décorée d'ornements en relief colorés, avec fleurs de lys.

57. Aiguière à couvercle fond brun avec ornements en relief; même fayence que l'article précédent.

58. Pot à une anse fond bleu, avec figures et ornements en relief de diverses couleurs ; fayence allemande très-ancienne.

GRÈS ÉMAILLÉS.

59. Belle cruche brune; sur la panse, trois médaillons en relief d'une grande finesse, avec inscription et date de 1578; le couvercle en étain avec bas-reliefs.

60. Pot à bierre flamand, avec bas-reliefs, sujet de danse; le couvercle en étain.

61. Cruche fond bleu, avec ornements et mascarons en relief.

62. Très-belle cruche, portant la date de 1584; ornée de bas-reliefs à sujets tirés de la Bible.

63. Cruche fond bleu, à l'effigie de Guillaume III.

64. Boîte à thé, grès brun, avec ornements en relief et dorés, du meilleur style. Sur le couvercle en étain est un bas-relief.

65. Pot à bierre, avec ornements en relief émaillés et dorés; le couvercle en étain; avec bas-relief.

66. Petite cruche flamande, avec armoiries en relief.

67. Autre cruche, ornée de rosaces.

68. Une autre avec mascarons; le couvercle en étain.

69. Autre cruche, avec ornements en relief.

70. Cruche émaillée de bleu et de violet; le couvercle en étain.

ÉMAUX DE LIMOGES.

71. Très-beau plat rond. A l'intérieur, le jugement de Pâris, d'après Raphaël; grisaille teintée du plus bel effet; le bord est orné d'arabesques et de figures couchées, d'un admirable style, et de mascarons en relief, chose très-rare.

(11)

Au revers, des mascarons et des arabesques autour d'un médaillon où est représenté un fleuve.

72. Belle aiguière grisaille, à sujets sacrés et profanes; elle est d'une forme agréable et d'un bel émail.

73. Grande et belle coupe grisaille teintée. A l'intérieur, Loth et ses filles, au revers et sur le piédouche, des arabesques; grisaille d'un beau style.

74. Autre belle coupe de même grandeur. A l'intérieur, Diane couchée et ses attributs, grisaille teintée; au revers et sur le piédouche, des arabesques.

75. Très-belle coupe à couvercle fond bleu, et garnie en argent doré. A l'intérieur, un sujet tiré de l'histoire-Sainte; à l'extérieur, des arabesques d'une grande richesse de composition et rehaussées d'or. Le couvercle présente intérieurement des sujets tirés de l'histoire-Sainte; conservation rare.

76. Deux jolies assiettes grisaille teintée. A l'intérieur, des sujets mythologiques; à l'extérieur, des arabesques.

77. Très-belle assiette émail colorié. A l'intérieur, un sujet tiré de la Genèse, le bord orné d'arabesques à figures de la plus grande beauté, au revers, des arabesques et des mascarons en grisaille teintée.

78. Autre belle assiette à peu près semblable.

79. Salière de la plus grand beauté, à sujets grisaille, représentant les travaux d'Hercule ; le dessus offre un portrait et des Amours.

80. Autre salière grisaille teintée, à sujets : travaux d'Hercule.

81. Vase de forme cylindrique, grisaille teintée de vert et montée en bronze doré.

82. Plaque carrée, grisaille représentant un philosophe et ses disciples. Ce bel émail, du XVIe siècle, est dans un cadre en bois sculpté de la même époque.

83. Grand et magnifique écusson, représentant la Science et ses attributs ; émail colorié de la plus grande richesse et du plus bel effet. Cette pièce capitale est figurée dans Villemain, et peut être considérée comme la plus belle chose connue de ce genre.

84. Bassin gothique très-curieux. Email sur cuivre dit bysantin ; figuré dans Villemain.

VERRERIES VÉNITIENNES.

85. Grande et belle coupe, à ornements émaillés et dorés. Elle est aux armes de Louis XII et d'Anne de Bretagne ; cet objet est des plus précieux.

86. Vidercome à filets blancs, disposés en spirale ; d'une belle qualité.

87. Coupe et son plateau; les ornements, émaillés de couleur, sont rehaussés d'or et d'un bel effet. Ces deux beaux objets sont de la fin de Louis XII.

88. Flacon en verre jaune, à ornements blancs.

89. Aiguière de forme grecque des plus élégantes, à filigrane blanc d'une très-belle qualité. Cet objet rare est d'une beauté remarquable.

90. Verre élevé, dont le pied est formé de deux serpents entrelacés, et de diverses couleurs.

91. Autre verre à peu près semblable.

92. Grand flacon à filigrane de diverses couleurs très-fines.

93. Grande coupe à gaudrons : cette belle coupe est d'une qualité de verre remarquable, en ce qu'il est verdâtre par réflexion, et rouge par réfraction.

94. Grand verre à couvercle, orné de sujets très-finement gravés.

95. Autre verre à pied, avec ornements gravés.

96. Deux gobelets émaillés de filets blancs.

97. Jolie coupe à filigranes blancs, très-belle qualité.

98. Verre à pied à filigranes blancs.

99. Grand plateau rond à filigrane blanc, d'une rare perfection.

100. Pot à biérre à filets blancs et bleus en spirale, d'une belle qualité : le couvercle en étain.

101. Grande et très-belle coupe couleur grenat, richement décorée d'ornements émaillés et dorés.

102. Joli vase à anses; la panse, en forme de coquille, est à filigrane bleu et blanc; le pied en argent doré.

103. Grand gobelet cylindrique, à filets blancs disposés en réseau; chaque petit carré que laissent entre eux les filets blancs, est occupé par une bulle d'air.

104. Gobelet plus petit, d'un travail analogue, mais plus fin.

105. Très-jolie petite coupe, même travail, et d'une très-belle qualité.

106. Coupe du même genre, d'une forme des plus gracieuses.

107. Grand verre à pied, même qualité; le pied en argent doré.

108. Autre verre à pied, même qualité; d'une grande perfection de travail et d'une jolie forme.

109. Autre verre, entièrement semblable au précédent.

110. Vase muni de son couvercle, à filigranes blancs et à rubans blancs et roses. Ce vase est du plus bel effet, et des plus rares.

111. Coupe à anses, marbrée de diverses couleurs.

112. Gobelets à filigranes bleus et blancs; belle qualité.

80–113. Grand et beau verre : le pied formé par des serpents enlacés à filigranes de couleur. Il est orné de gravures.

114. Grand verre à Champagne, gravé aux armes d'Espagne, avec date de 1654; il est d'une grande légèreté.

42–115. Bénitier orné de fleurs émaillées en diverses couleurs.

54–116. Petit gobelet à filigranes blancs.

660–117. Vase à couvercle avec plateau, à filigranes de diverses couleurs et de la plus grande finesse; il est d'un effet admirable.

100–118. Grand vidercome à couvercle, à filigranes blancs.

351–119. Grand plateau à filigranes blancs d'une grande régularité.

420–120. Vase à anse, à filigranes de couleurs très-variées et d'une finesse remarquable.

220–121. Plateau à filigranes blancs et à rubans blancs.

59–122. Petit plateau à rubans de couleurs variées, et moucheté d'aventurine.

30–123. Vase très-curieux dit Monaco, blanc, bleu et doré.

18–124. Petit plateau bleu à flammes blanches.

200–125. Aiguière forme grecque, à côtes saillantes, en émail blanc, avec ornements gravés à la pointe.

— 126. Grand vidercome avec riches armoiries émaillées et dorées, avec date de 1583.

— 127. Lampe servant à marquer le temps, montée en
étain, et ornée d'une fleur de lys.

128. Petit verre à pied en verre, d'une belle couleur
verte et d'une forme très-élégante.

— 129. Joli verre en forme de botte, émaillé de blanc
et de la plus grande finesse.

— 130. Petit verre avec pied formé de serpents enlacés,
de diverses couleurs et d'une très-belle qualité.

131. Coupe dont le pied est formé d'ornements à
jour verts et blancs; elle est d'une forme très-
élégante et très-fine.

— 132. Verre à couvercle d'une belle forme; il est à
filigranes blancs et à rubans.

— 133. Coupe à côtes; le pied est formé par des ornements verts et blancs, elle est d'une forme
rare.

— 134. Verre à pied formé par des ornements verts et
blancs; la forme de ce verre est peu commune.

— 135. Gobelet à pied et à rubans émaillés en blanc,
d'une forme et d'une finesse très-remarqua-
bles.

— 136. Joli flacon de forme cylindrique, à filigranes
blancs, d'une très-belle qualité.

— 137. Verre à pied, à filigranes blancs.

138. Deux salières supportées par des Dauphins en
émail blanc; objets curieux du 16e siècle.

161 — 139. Vase à couvercle, à filigranes blancs. Il est d'une forme rare et très-curieuse.

41 — 140. Coupe à pied, forme évasée, à rubans blancs tournants en spirale.

21.50 — 141. Petit vidercome en verre craquelé.

15.50 — 142. Grand vidercome, avec danse flamande gravée.

30.50 — 143. Verre forme coquille, avec ornements gravés.

30 — 144. Jolie bouteille à filigranes blancs.

50 — 145. Grande bouteille à rubans blancs.

130 — 146. Bouteille très-curieuse à embouchure évasée et col recourbé, à filigranes blancs; objet rare.

11 — 147. Verre à pied, à anses et godrons.

137 — 148. Grand vidercome en verre craquelé, avec mascarons en relief.

VITRAUX.

289 — 149. Très-joli petit vitrail suisse, orné de deux personnages, magistrat et militaire. Dans le haut, deux grisailles très-fines; dans le bas, inscription et date de 1580, avec armoiries.

71 — 150. Joli vitrail représentant un saint Évangéliste en costume de cardinal; le lion est à ses pieds. Ce travail est d'une grande beauté et porte la date de 1585.

151. Vitrail rond : personnage portant un écusson, date de 1498; chose très-rare.

152. Vitrail rond : figure de femme en costume du 15e siècle.

153. Vitrail ovale : grisaille représentant le jugement de Pâris, d'après Raphaël; d'une grande beauté et de la meilleure conservation.

154. Vitrail : guerrier armé de pied en cap et portant un drapeau. Il est très-riche de couleur, avec date de 1649.

155. Vitrail grisaille : Adam et Eve; d'un dessin très-pur et gracieux. On a la gravure de ce vitrail.

156. Vitrail armorié, de très-belles couleurs, avec date de 1586.

157. Vitrail : deux personnages suisses, homme et femme, avec inscription et date de 1638.

158. Idem. Deux jolies grisailles : sujets saints.

159. Très-beau vitrail : une dame richement costumée, avec des armoiries; dans le haut, deux petites grisailles, l'une représentant Lucrèce, et l'autre Joseph et Putiphar, avec inscription et date de 1553.

160. Autre vitrail : deux hallebardiers, avec date de 1604.

161. Idem. Chevalier de l'ordre de Malte d'une belle couleur et d'une bonne conservation, avec date de 1546.

162. Idem. Porte-étendard armé de toutes pièces, et fleurs de lys, avec date de 1576.

ARMES.

6000 163. Bouclier rond en fer repoussé du temps de François Ier : il est entièrement couvert de rinceaux, d'ornements, avec figures d'enfants combattant des serpents. Ce bouclier, d'un travail admirable et du goût le plus exquis, est remarquable par le gracieux de sa forme et l'élégance du dessin. Il est figuré dans Villemain.

4000 164. Dos et devant de cuirasse en fer repoussé et damasquiné en or; travail espagnol du 16e siècle, du plus beau style et de la plus grande richesse.

2000 165. Epée, dite de Charles-Quint, publiée sous ce nom et portant l'inscription *nec temere, nec timide, pugna pro patria*. La garde, en fer ciselé et damasquiné en or, est ornée de médaillons avec figures allégoriques et de têtes de Maures enchaînées. Cet objet est de la plus grande beauté et des plus curieux.

81 – 166. Grande épée du 16e siècle; la garde en fer est d'une forme très-gracieuse.

1590 – 167. Epée en fer ciselé, portant l'effigie de Henry IV, son chiffre et la date de 1499, époque de l'édit de Nantes; la garde, couverte de bas-reliefs représentant des sujets saints, est d'une grande richesse et d'une parfaite conservation. Elle fut rapportée en France par M. le baron Persil. (publiée dans Villemain.)

2.

315 — 168. Couteau de chasse, en fer ciselé et damasquiné, aux armes de France, et portant l'effigie et les emblêmes de Henry II et Diane de Poitiers; il est muni de son fourreau en cuir aux mêmes insignes; chose des plus rares.

70 — 169. Couteau et fourchette en fer damasquiné d'or, et aux armes et initiales de la famille Mariano Succhini; ornement du goût le plus pur.

600 — 170. Couteau très-curieux de la fin du 15e siècle; le manche en ivoire est garni d'une virole niellée, avec figures du plus beau caractère et de la plus belle exécution, et d'écussons émaillés aux armes des Borgia. Il est muni de sa gaîne du temps, enrichie d'ornements gauffrés.

60, 50c 171. Deux jolis petits couteaux à manches d'argent, entièrement couverts d'arabesques niellés.

75, 50c 172. Très-jolie clef d'arquebuse en fer ciselé. Publiée dans Villemain.

25 — 173. Deux petits couteaux : les manches en fer ciselé incrustés de nacre.

57 — 174. Très-belle plaque d'escarcelle, en fer repoussé et ciselé, d'un travail très-fin; objet rare.

20 — 175. Poire à poudre en corne de cerf sculptée, avec médaillon à sujet de combat; elle est très-riche de sculpture et garnie en cuivre doré.

60 — 176. Bouclier rond en fer repoussé; au centre, un sujet mythologique entouré de branches de laurier.

80 — 177. Arquebuse à rouet : la monture en bois est incrustée d'arabesques en ivoire, et la batterie

en fer incrustée d'ornements en argent · travail allemand.

485 178. Arquebuse à rouet; la monture en ébène est incustée de riches ornements et d'arabesques en ivoire gravé.

45,50 179. Epée en fer ciselé; la garde en panier est découpée à jour.

73 180. Fusil du temps de Louis XIII; la garniture avec de jolis ornements en relief; la batterie offre le système à pierre et à rouet.

150 181. Arquebuse à rouet; la monture est couverte de sculptures en relief du meilleur goût.

141 182. Pistolet à rouet; la monture en bois, avec ornements en ivoire, de la plus grande finesse de travail.

125 183. Pistolet à rouet, avec incrustations en ivoire gravé,

215 184. Arquebuse à rouet; le canon ciselé et damasquiné en or, le bois incrusté d'ornements en ivoire gravé très-riches.

270 185. Arquebuse à mèche, à crosse recourbée, forme très-curieuse et rare; le bois est incrusté d'ornements en ivoire.

641 186. Arquebuse à mèche, à canon ciselé; la monture en bois, d'une forme des plus élégantes, est incrustée d'arabesques en ivoire d'une délicatesse extraordinaire. Cet objet est des plus remarquables.

80 187. Arquebuse à rouet, le canon damasquiné; la

monture est entièrement couverte d'ivoire gravé, avec sujets et ornements, dans le style du Primatrice. Cette arme est de la plus grande richesse.

188. Poignard oriental, lame en damas et à jour ; la poignée en agathe orientale, de la plus grande beauté. Cette belle arme est enrichie de rubis d'Orient, d'une belle qualité.

189. Arbalète ; la monture en bois est incrustée d'ivoire gravé. Cette arme est en très-bon état.

190. Jolie petite arquebuse à rouet ; la monture en bois est entièrement couverte d'incrustations en ivoire, d'un travail riche et élégant.

191. Poire à poudre en cuivre doré, avec bas-reliefs, sujets de chasse.

192. Deux couteaux dans une gaîne en ivoire sculpté.

193. Couteau et fourchette à manche d'ivoire, formé par des groupes d'enfants ; joli travail.

194. Poire à poudre en ivoire : groupe d'animaux.

195. Jolie poire d'amorce : groupe d'enfants. Charmante composition et bon travail ; monture en argent.

TABLEAUX.

M. L. BOULANGER.

196. Dans un paysage riche de couleurs, une jeune dame assise tient sur ses genoux un jeune en-

fant auquel un autre présente un fruit; sur le
devant, un jeune homme assis, les yeux tour-
nés du côté du spectateur, tient un livre à la
main; ce tableau, d'une grande facilité d'exécution, est d'une admirable couleur et d'une
harmonie parfaite.

M. E. DELACROIX.

197. Un grec debout et armé d'un yatagan, dans un
paysage riche et puissant de ton ; ce petit tableau, peint largement, est d'un brillant de
couleur remarquable.

198. Un joli cadre en cuivre doré, garni de quatre
joli petites têtes anciennes, d'une exécution
soignée.

M. GRANET.

199. La tentation de saint Antoine : dans un intérieur éclairé par une fenêtre, saint Antoine est
à genoux et en prières; un petit Satyre l'at-
tire à lui pour lui faire admirer une jeune
femme nue et couchée, de laquelle il détourne
les yeux. Ce tableau, d'une grande finesse de
ton et d'une énergique exécution, provient de
la vente Coutau ; les figures de la femme et
du petit satyre, qui sont finement peintes, ré-
pondent en tout au reste de ce joli tableau.

GREUZE.

200. La Volupté : elle est représentée par une jeune
fille négligemment posée et enveloppée d'une
draperie violet ; cette tête, qui est une des plus
belles de son auteur, est remarquable par la

beauté de l'expression et la suavité du pinceau;
il se présente peu d'occasions de se procurer
une aussi belle et admirable production; car,
dans celle-ci, tout s'y trouve réuni à un très-
haut degré de perfection : caractère des plus
gracieux, couleur suave et harmonieuse et
ajustement pittoresque.

L. GUDIN.

201. L'empereur Napoléon à cheval, avec son état-
major derrière lui : ce petit tableau provient
du cabinet Denon; il est fin de ton, et la couleur en est pleine de vérité ; les tableaux de
cet artiste, mort jeune, sont fort rares.

NASMITH.

202. Paysage, fête d'Angleterre : sur le devant, plusieurs petites figures ornent ce joli petit tableau, qui est d'une couleur fine et vraie et
d'une exécution soignée.

M. A. SCHEFFER.

203. Une jeune petite fille, vêtue de blanc, se renver-
sant : cette jolie tête, grande comme nature, est
d'un beau caractère et d'une belle exécution,
la couleur en est vraie et brillante et la touche
large et ferme.

D. TENIERS.

204. La tentation de saint Antoine : saint Antoine, à
genoux, devant un tertre sur lequel est un
Christ, une tête de mort et une cruche, tient
un livre de prières à la main ; derrière lui sont
des fantômes de diverses natures, qui le tour-

mentent ; ce petit tableau, d'une extrême finesse, est très-clair et brillant.

DESSINS.

BOUCHER.

81—205. **Jeune femme nue couchée, une main appuyée sur une urne ; très-jolie miniature, pleine de finesse.**

M. DECAMPS.

112—206. **Un jeune grec assis tient une longue pipe ; ce dessin à l'estompe est d'un effet de clair-obscur remarquable.**

DIETRICH.

170. 207. **Le marchand de mort aux rats : debout et affublé d'un vieux manteau et coiffé d'un bonnet à poil, un homme, ayant un chien devant lui et un rat dans le pli de son manteau, tient, d'une main, un biscuit ; de l'autre, un long bâton au bout duquel est une cage avec un rat au-dessus. Ce beau dessin à la plume, lavé au bistre et à la sanguine, est d'une vérité et d'une exécution admirable, ainsi que d'une conservation parfaite.**

GIRODET.

51. 208. **Un héros grec étendu sur un lit ; ce dessin, fait pour la belle édition de l'Enéide, est d'une beauté de dessin remarquable, et l'effet en est très-piquant.**

PRUDHON.

33. 209. **Très-belle tête d'étude de femme vue de profil**

sur papier bleu rehaussé de blanc, d'un très-
beau caractère.

SAUERWEID.

210. Cosaque à cheval ; son cheval galope, et, d'une
main, il tient sa lance qu'il s'apprête à mettre
en arrêt ; petit dessin d'une grande finesse et
d'une couleur légère et transparente.

MEUBLES ET TENTURES.

---

211. Grand meuble à deux corps, en bois sculpté,
d'une richesse d'ornements extraordinaire. Il
est orné d'un fronton et de cariatides. (Publié
dans Villemain.)

212. Autre magnifique meuble, à deux corps et à
fronton, orné de bas-reliefs et de cariatides,
d'une exécution et d'un fini des plus remarquables.

213. Siége à grand dossier, du temps de Louis XII ;
les ornements en relief sont d'un très-beau
caractère et d'une belle conservation.

214. Grand dressoir flamand richement sculpté.

215. Bas de dressoir, orné de bas-reliefs et de cariatides. Ce meuble est riche et d'un bel effet.

216. Deux chaises du temps de Louis XIII en bois
de palissandre, et couvertes en velours noir,
à dessins en relief.

200-217. Très-beau bahut du XVI⁰ siècle, à colonnes cannelées, et orné de bas-reliefs.

512-218. Jolie crédence du XVI⁰ siècle, à ornements sculptés; d'un beau style.

260-219. Porte du XV⁰ siècle, riche en ornements sculptés et aux insignes de Louis XII et d'Anne de Bretagne : elle est sculptée des deux côtés; objet rare.

375 220. Console d'une forme remarquable, dont les deux étages sont soutenus par des balustres et des colonnes sculptés, d'une grande élégance. On voit un meuble analogue figuré dans Ducereau; c'est le seul de ce genre que nous connaissions.

95-121. Bahut de la renaissance, richement orné de sculptures et de mascarons.

150-222. Autre bahut du XVIᵐᵉ siècle, enrichi d'arabesques et de têtes sculptées en relief, et garni d'une belle serrure en fer ciselé. (Publié dans Villemain.)

46-223. Joli petit tabouret à trépied, en bois sculpté garni de velours rouge.

600-224. Quatre chaises du temps de Louis XIII, en bois de Sainte-Lucie, garnies de belles étoffes brodées.

70-225. Chaise flamande en bois sculpté, garnie de canne.

100-226. Autre chaise en bois sculpté, garnie de velours à reliefs.

400 — 227. Grand miroir de la fin du XVIe siècle, en bois sculpté et doré, avec riche couronne

180 — 228. Miroir du XVIe siècle, en bois sculpté; les ornements sont d'un caractère original.

345 — 229. Miroir en bois sculpté et doré; les ornements à jour sont d'une extrême richesse.

185 — 230. Grand fauteuil en bois sculpté, du temps de Henri IV; garni de velours à dessins en relief.

02 — 231. Coffre-fort gothique, en bois sculpté, d'un travail très-fin, et garni de sa serrure du temps.

80 — 232. Jolie torchère en bois sculpté, d'une belle forme.

30 — 233. Petite table en bois sculpté, à pieds tors.

50 — 234. Grande et belle table, avec rallonges à coulisse; elle est supportée par deux pieds formant double console, dont les ornements sculptés sont du meilleur style du XVIe siècle.

130 — 235. Lit du temps de Henri II; la corniche, très-riche d'ornements sculptés, est supportée par des colonnes en forme de balustres, et le fronton est du plus beau caractère. Ce meuble, d'un ensemble et d'un style admirables, est garni de velours à ornemens en relief, d'une grande richesse.

100 — 236. Chaise à dossier élevé, du temps de Henri IV, et recouverte de velours à relief fond d'or.

237. Trois·portières du temps du Louis XIII, en tapisserie laine et soie, de la plus grande richesse.

238. Portière en étoffe, à dessins de velours en relief, sur fond blanc ; très-riche·et bien conservée.

OBJETS DIVERS.

239. Deux manches de couteaux, en argent doré, figures et ornements.

240. Manche de cachet formant étui, en argent doré et niellé.

241. Montre de la fin du XVIe siècle, en argent et or, enrichie d'ornements gravés.

242. Clef en fer ciselé, des plus beaux temps de la renaissance. Elle est publiée dans Villemain, et provient du cabinet de M. Prévot. (La plus belle connue.)

243. Petite hachette en fer ciselé.

244. Gaîne de couteau, en bois sculpté, ornée d'un grand nombre de petits-bas reliefs, de la plus grande finesse.

245. Beau bas-relief en terre cuite : la Vierge et l'enfant Jésus ; travail italien sur fond de marbre.

246. Bas-relief des plus curieux, en terre cuite, peint et colorié, représentant Charles-Quint et sa

femme Élisabeth de Portugal, avec leurs armes et la devise : *plus oultre.*

247. Bas-relief en fer repoussé et damasquiné d'or et d'argent, travail florentin du XVI° siècle; publié dans le trésor de numismatique.

248. Petit coffret en argent ciselé du temps de Louis XIII.

249. Boîte à mouches en cuivre doré, ornée d'une plaque en argent ciselé, et découpée à jour.

250. Joli coffret, entièrement couvert d'ornements en pâte dorés.

251. Magnifique manuscrit du XV° siècle, orné d'un grand nombre de miniatures et de vignettes, pour la plupart d'une parfaite conservation.

252. Peinture sur vélin, provenant d'un manuscrit à la date de 1480, avec signature de Antoine de Dexio.

253. Petit bas-relief en pâte : la Vierge et l'Enfant Jésus.

254. Grand et beau bas-relief en terre cuite : la sainte famille; du plus beau style.

255. Deux verroux en fer repoussé, provenant du château d'Ecouen.

256. Verrou en fer repoussé, aux armes de Henri II et de Diane de Poitiers.

257. Petite statue en argent : Hercule bibax ; moulée sur l'antique et extrêmement fine.

258. Grande clef ancienne en fer ciselé.

215 259. Cassolette à trépied, avec Amours et dauphins;
bronze italien.

67 260. Mortier et son pilon, bronze italien; le mortier
est orné d'un bas-relief représentant un combat, et porte la date de 1589.

400 261. Charmante petite aiguière en cristal de roche,
décorée d'ornements gravés, et montée en
or émaillé. Ouvrage remarquable du XVIe
siècle.

680 – 2. Coupe en cristal de roche de la forme la plus
gracieuse, elle est couverte d'arabesques
gravés, d'un goût exquis, et d'une légèreté
de dessin extraordinaire. La monture est en
or émaillé.

385 – 263. L'ouvrage de Villemain, avec plusieurs planches
coloriées qui ne se trouvent pas dans les exem-
plaires ordinaires.

264. Grande portière en brocatelle rouge sur jaune,
riche d'ornement.

265. Un lot d'étoffes diverses.

113 – 266. Tapis de table en étoffe de soie, brochés d'or,
de la plus grande richesse.

67 – 267. Petite tenture en cuir doré fond bleu, de la
plus belle époque, avec sa frise.

90 – 268. Cuvette en porcelaine de Chine, aux armes de
France, et d'une grande beauté, su pied en
fer vernis.

269. Un lot de cadres en bois doré sera divisé.

Imprimerie de TROUSSEL, rue St.-Guillaume, 9.

www.ingramcontent.com/pod-product-compliance
Lightning Source LLC
LaVergne TN
LVHW010451060726
842527LV00005B/1800

* 9 7 8 2 3 2 9 0 7 6 6 8 3 *